L'HERITIER
DE
VILLAGE
COMEDIE.
EN UN ACTE.

Representée pour la premiere fois par les Comediens Italiens Ordinaires du Roy le 19 Aoust 1725.

A PARIS;

Chez BRIASSON, ruë S. Jacques à la Science.

M. DCC. XXIX.
Avec approbation & Privilege du Roy.

ACTEURS.

DE LA COMEDIE.

Madame DAMIS.

LE CHEVALIER.

BLAISE, *Payſan.*

CLAUDINE, *femme de Blaiſe.*

COLIN, *fils de Blaiſe.*

COLETTE, *fille de Blaiſe.*

ARLEQUIN, *Valet de Blaiſe.*

GRIFFET, *Clerc de Procureur.*

La Scene eſt dans un Village.

L'HERITIER
DE
VILLAGE
COMEDIE.

SCENE PREMIERE

BLAISE, CLAUDINE, ARLEQUIN.

Blaise entre suivi d'Arlequin en guestres,
& portant un paquet. Claudine entre
d'un autre côté.

CLAUDINE.

EH je pense que vela Blaise.
BLAISE.
Eh oüy, note femme, c'est
li-même en parsonne.
CLAUDINE.
Voirement, noute homme, vous pre-

A

nez bian de la peine de revenir; queu liber-
tinage ? être quatre jours à Paris, deman-
dez-moi à quoy faire?

BLAISE.

Eh à voir mourir mon frere, & je n'y
allois que pour ça.

CLAUDINE.

Eh bian, que ne finit-il donc, sans nous
coûter tant d'allées & de venuës ? toujours
il meurt, & jamais ça n'est fait; voilà deux
ou trois fois qu'il lantarne.

BLAISE.

Oh bian, il ne lantarnera plus. (*il pleure*)
Le pauvre homme a pris sa secousse.

CLAUDINE.

Helas ! il est donc trépassé ce coup-cy.

BLAISE.

Oh il est encore pis que ça.

CLAUDINE.

Comment pis?

BLAISE.

Il est entarré.

CLAUDINE.

Eh ! il n'y a rian de nouveau à ça; ce
sera queussi queumi. Il faut considerer qu'il
étoit bian vieux, qu'il avoit beaucoup tra-
vaillé, bian épargné, bian chipoté sa pauvre vie.

BLAISE.

T'a raison, femme, il aimoit trop l'u-

fure & l'avarice , il fe plaignoit trop le vivre , & j'ons opinion que cela l'a tué.

CLAUDINE.

Bref enfin le vela défunt. Parlons des
vivans. T'es fon unique Heriquier, qu'a-
tu trouvé ?

BLAISE *riant.*

Eh eh eh ; baille-moy cinq fols de monnoye ; je nons que de groffes pieces.

CLAUDINE *le contrefaifant.*

Eh eh eh ; dis donc , Nicaife , avec tes
cinq fols de monnoye , qu'eft-ce que t'en
veux faire.

BLAISE.

Eh eh eh ; Baille-moi cinq fols de monnoye , te dis-je.

CLAUDINE.

Pourquoi donc , Nicodeme?

BLAISE.

Pour ce garçon qui aporte mon paquet
depis la voiture jufqu'à cheux nous , pendant que je marchois tout bellement & à
mon aife.

CLAUDINE.

T'es venu dans la voiture ?

BLAISE.

Oüy , parce que cela eft plus commode.

CLAUDINE.

T'a baillé un écu ?

BLAISE.

Oh bian noblement. Combien faut-il ?
ai-je fait. Un écu, ce m'a-t-on fait ? tenez,
le vela, prenez ; tout comme ça.

CLAUDINE.

Et tu dépenfe cinq fols en porteus de
paquets.

BLAISE.

Oüy, par maniere de recreation.

ARLEQUIN.

Eft-ce pour moi les cinq fols, Monfieur
Blaife ?

BLAISE.

Oüy, mon ami.

ARLEQUIN.

Cinq fols, un Heritier, cinq fols, un
homme de votre étoffe, & où eft la grandeur d'ame.

BLAISE.

Oh qu'à ça ne tienne, il n'y a qu'à dire.
Allons, femme, boute un fols de plus,
comme s'il en pleuvoit. (*Arlequin prend
& fait la réverence.*)

CLAUDINE.

Ah mon homme eft devenu fou.

BLAISE *à part.*

Morgué queu plaifir, alle enrage, alle
ne fçait pas le tu autem. (*tout haut*) Femme, cent mil francs.

CLAUDINE.

Queu coqalanc ; vela cent mille francs
avec cinq fols à cette heure.

ARLEQUIN.

C'eft que M. Blaife m'a dit par les che-
mins, qu'il avoit hérité d'autant de fon
frere le Mercier.

CLAUDINE.

Eh que dites-vous ? le défunt a laiffé cent
mille francs, Maître Blaife ? es-tu dans ton
bon fens ? ça eft-il vrai ?

BLAISE.

Oüy, Madame, ça eft çartain.

CLAUDINE *joyeuſe.*

C,a eft çartain ? mais ne réves-tu pas ?
n'as-tu pas le çarviau renvarfé.

BLAISE.

Doucement, foyons civils anvers nos
parfonnes.

CLAUDINE.

Mais les as-tu vû ?

BLAISE.

Je leur ons quafiment parlé ; j'ons été
chez le Maltotier qui les avoit de mon
frere, & qui les fait aller & venir pour notre profit, & je les ont laiffé là ; car par
le moyen de fon tricotage ils raportons encore d'autres écus, & ces autres écus qui
venont de la manigance, engendront d'au-
fres petits magots d'argent qu'il boutra avec

A iij

le grand magot, qui par ce moyan devianra ancor pu grand, & j'aportons le papier comme quoi ce monciau du petit & du grand m'appartiant, & comme quoi il me fera délivrance à ma volonté du principal, & de la rente de tout ça dont il a été parlé dans le papier qui en rend témoignage en la préfence de mon Procureur qui m'affiftoit pour agencer l'affaire.

CLAUDINE.

Ah mon homme ! tu me ravis l'ame, ça m'attendrit, ce pauvre biau-frere ! je le pleurons de bon cœur.

BLAISE.

Helas ! je l'ons tant pleuré d'abord, que j'en ons prins ma fuffifance.

CLAUDINE.

Cent mille francs, fans compter le tricotage ; mais où boutrons-je tout ça ?

ARLEQUIN *contrefaifans leur langage.*

Voilà déja fix fols que vous boutez dans ma poche, & j'attends que vous les boutiez.

BLAISE.

Boute, boute donc femme.

CLAUDINE.

Oh cela eft jufte ; tenez, mon bel ami, faites itou manigancer cela par unMaltotier.

ARLEQUIN.

Auffi ferai-je ; je le manigancerai au

au cabaret, je vous rend graces Madame.

BLAISE.

Madame ! vois-tu comme il te porte
respeɕt?

CLAUDINE.

Ça eſt bien agriable.

ARLEQUIN.

N'avez-vous plus rien à m'ordonner,
Monſieur.

BLAISE.

Monſieur ! ce garçon-là ſçait vivre avec
les gens de note ſorte. J'aurons beſoin de
laquais, retenons d'abord cetiia, je bario-
lerons nos caſaques de la couleur de ſon
habit.

CLAUDINE.

Prenons, retenons, bariolons, c'eſt
fort bian fait mon poulet.

BLAISE.

Voulez-vous me ſarvir, mon ami, & a-
vez-vous ſarvi de gros Seigneurs ?

ARLEQUIN.

Bon, il y a huit ans que je ſuis à la
Cour.

BLAISE.

A la Cour? vela bian note affaire je ly
baillerons ma fille pour aprentie, il la fera
Courtiſanne.

ARLEQUIN à part.

Ils ſont encore plus bêtes que moi, pro-

fitons-en. *(tout haut)* Oh laiffez-moi faire, Monfieur, je fuis admirable pour é-
lever une fille, je fçay lire & écrire, dans
le latin, dans le françois, je chante gros
comme un orgue, je fais des complimens;
d'ailleurs, je verfe à boire comme un ro-
binet de fontaine, j'ai des perfections char-
mantes. J'allois à mon Village voir ma
fœur; mais fi vous me prenez, je lui ferai
mes excufes par lettre.

BLAISE.

Je vous prends, vela qui eft fait, je fis
votre maître, & ou eftes mon farviteur.

ARLEQUIN.

Serviteur très-humble, très-obéiffant &
très-gaillard Arlequin; c'eft le nom du per-
fonnage.

CLAUDINE.

Le nom eft drole. Parlons des gages à
prefent. Combian voulez-vous gagner ?

ARLEQUIN.

Oh peu de chofe, une bagatelle, cent
écus pour avoir des épingles.

CLAUDINE.

Diantre, oùs en voulez donc lever une
boutique.

BLAISE.

Eh morgué, fouvians-toy de la nichée
des cent mille francs, n'avons-je pas des
écus qui nous font des petits, c'eft com-

me un colombier ça , alons, mon ami, c'eſt marché fait ; tenez , vela noute maiſon , allez-vous-en dire à nos enfans de venir. Si vous ne les trouvez pas , vous irez les charcher là où ils ſont , ſtapendant que je convarſerons moy & noute femme.

ARLEQUIN.

Converſez ? Monſieur , j'obéis , & j'y cours.

S C E N E II.

BLAISE CLAUDINE.

BLAISE.

AH ça , Claudine , j'ons paſſé dix ans à Paris, moi. Je connoiſſons le mon-de , je vais te l'apprendre , nous vela riche, faut prendre garde à ça.

CLAUDINE.

C'eſt bian dit , mon homme , faut joüir.

BLAISE.

Ce n'eſt pas le tout que de joüir, femme , faut avoir de belles manieres.

CLAUDINE.

Cartainement, & il n'y a d'abord qu'à m'habiller de brocard, acheter des jouyaux & un collier de parles, tu feras pour toy à l'avenant.

BLAISE.

Le brocard, les parles & les jouyaux ne font rian à mon dire, t'en auras à bauge, j'aurons itou du d'or fur mon habit. J'avons déja acheté un caftor avec un cafaquin de friperie que je boutrons en attendant que j'ayons tout mon équipage à forfait, je dis tant feulement que c'eft le Marchand & le Tailleur qui baillons tout cela; mais c'eft l'honneur, la fiarté & l'efprit qui baillont le refte.

CLAUDINE.

De l'Honneur j'en avons à revendre d'abord.

BLAISE.

Ca fe peut bian; ftapendant de cette marchandife-là il ne s'en vend point; mais il s'en pard biancoup.

CLAUDINE.

Oh bian donc je n'en vendrai ni n'en perdrai.

BLAISE.

Ca fuffit; mais je ne parle point de cet honneur de confcience, & cetila tu te contenteras de l'avoir en fecret dans l'ame,

là, t'en auras biaucoup sans en montrer
tant.

CLAUDINE.

Comment, sans en montrer tant, je ne
montrerai pas mon honneur.

BLAISE.

Eh morgué tu ne m'entends point; c'est
que je veux dire qu'il ne faut faire semblant de rian, qu'il faut se conduire à l'aise,
avoir une vartu négligente, se parmettre
un maintien commode, qui ne soit point
malhonnête, qui ne soit point honnête non
plus, de ça qui va comme il peut, entendre tout, repartir à tout, badiner de
tout.

CLAUDINE.

Sçavoir queu badinage on me fera.

BLAISE.

Tians par éxemple, prend que je ne sois
pas ton homme, & que t'es la femme d'un
autre, je te connois, je vians à toi, & je
barifole dans le discours, je te dis que t'es
agriable, que je veux être ton amoureux,
que je te conseille de m'aimer, que c'est le
plaisir, que c'est la mode, Madame par-cy,
Madame par-là, ou estes trop belle, ques-
ce qu'on en voulez faire, prenez avis, vos
yeux me tracassent, je vous le dis, qu'en
fera-t-il? qu'en fera-t-on? & pis des petits
mots charmans, des pointes d'esprit, de la

malice dans l'œil , des fingeries de vifage,
des tranfportemens , & pis , Madame , il
n'y a morgué pas moyen de durer, boutez
ordre à ça , & pis je m'avance , & pis je
plante mes yeux fur ta face , je te prend une
main , queuquefois deux , je te farre , je
m'agenouüi'le , que reparts-tu à ça.

CLAUDINE.

Ce que je reparts , Blaife , mais vrayment je te repouffe dans l'eftomas d'a-
bord.

BLAISE.

Bon.

CLAUDINE.

Puis après je vais à reculons.

BLAISE.

Courage.

CLAUDINE.

Enfuite je devians rouge , & je te dis
pour qui tu me prand , je t'apelle un im-
partinant , un vaurian ; ne m'attaque jamais , ce fais-je , en te montrant les poings,
ne vians pas envars moi , car je ne fis pas
aifiée , vois-tu bian , n'y a rian à faire ici
pour toy ; va-t'en , tu n'es qu'un beliftre.

BLAISE.

Nous vela tout jufte , vela comme ça fe
pratique dans noute Village , cet honneur-
là qui eft tout d'une piéce eft fait pour les
champs ; mais à la Ville ça ne vaut pas le

diable, tu passerois pour un je ne sçai qui.

CLAUDINE.

Le drole de trafic! mais pourtant je sis mariée; que dirai-je en réponse?

BLAISE.

Oh je vay te bailler le regime de tout ça. Quian, quand quelqu'un te dira, je vous aime bian, Madame, (*il rit,*) ha ha ha, vela comme tu feras., ou bian joliment, ça vous plaît à dire; il te repartira, je ne raille point; tu repartiras, eh bian tope, aimez-moi? s'il te prenoit les mains, tu l'apelleras badin; s'il te les baise, eh bian soit, il n'y a rian de gâté; ce n'est que des mains au bout du compte: s'il t'atrape queuque baiser sur le chignon, voire sur la face, il n'y aura point de mal à ça, atrape qui peut, c'est autant de pris, ça ne te regarde point, ça viant jusqu'à toy, mais ça te passe, qu'il te lorgne tant qu'il voudra, ça aide à passer le tems; car, comme je te dis, la vartu du biau monde n'est point hargneuse, c'est une vartu douce que la politesse a bouté à se faire à tout; alle est folichonne, alle a le mot pour rire, sans façon, point considerante, alle ne donne rian, mais ce qu'on li vole alle ne court pas après. Vela l'arrangement de tout ça, vela ton devoir de Madame quand tu le feras.

CLAUDINE.

Et drez que c'est la mode pour estre hon-
neste, je varons, cette vartu-là n'est pas
plus difficile que la nostre. Mais mon homme que dira-t-il ?

BLAISE.

Moy ? rian. Je te varrions un regiment
de galans à l'entour de toy que je fis obli-
gé de passer mon chemin, c'est mon sçavoir vivre que ça, li aura trop defroidure
entre nous.

CLAUDINE.

Blaise, cette froidure me chiffonne, ça ne
vaut rian en menage; je fis d'avis que
je nous aimions bian au contraire.

BLAISE.

Nous aimer femme ? morgué il faut bian
s'en garder; vrayment ça jetteroit un biau
cotton dans le monde.

CLAUDINE.

Helas, Blaise, comme tu fais, & qui
est-ce qui m'aimera donc moi ?

BLAISE.

Pargué ce ne sera pas moi, je ne fis pas
si sot ni si ridicule.

CLAUDINE.

Mais quand je ne serons que tous deux
est-ce que tu me haïras ?

BLAISE.

Oh non, je pense qu'il n'y a pas d'obligation à ça, ftapendant je nous en informerons pour être pus fûrs ; mais il y a une autre bagatelle qui eft encore pour le bon-air : c'eft que j'aurons une maitreffe qui fera queuque chiffon de femme qui fera bian laide & bian fotte, qui ne m'aimera point, que je n'aimerai point non pas ; qui me fera des niches, mais qui me coûtera biaucoup, & qui ne vaura guere ; & c'eft-là le plaifir.

CLAUDINE.

Et moy, combian me coûtera un galant ; car c'eft mon devoir d'honnefte Madame d'en avoir un itou, n'eft-ce pas.

BLAISE.

T'en auras trente, & non pas un.

CLAUDINE.

Oüy trente à l'entour de moy à caufe de ma vartu commode ; mais ne me faut-il pas un galant à demeure?

BLAISE.

T'a raifon, femme, je penfe itou que c'eft de la belle maniere, ça fe pratique ; mais ce chapitre-là ne me reviant pas.

CLAUDINE.

Mon homme, fi je nons pas un amoureux ça nous fera tort, mon ami.

BLAISE.

Je le vois bian ; mais morgné je n'avons pas l'efprit affez farme pour te parmettre

ça, je ne fommes pas encore affez natu-
rifez gros Monfieur; tian paffe-toy de
galant, je me pafferai d'amoureufe.

CLAUDINE.

Faut efperer que le bon exemple t'en-
hardira.

BLAISE.

Ça fe peut bian, mais tout le refte eft
bon, & je m'y tians; mais nos enfans ne
venons point, c'eft que noute laquais les
charche, je m'en vais voir ça. Vela noute
Dame & fon coufin le Chevalier qui fe pro-
menent, je vais quitter la farme de fa coufine, s'ils t'accoftent, tians ton rang, fais-
toi rendre la revereuce qui t'appartient, je
vais revenir. Si le Fifcal à qui je devois de
l'argent arrive, dis-li qu'il me parle.

SCENE III.

CLAUDINE, LE CHEVALIER, Madame DAMIS.

CLAUDINE à part.

Promenons-nous itou pour voir ce
qu'ils me diront.

LE

LE CHEVALIER.

Je fuis de votre goût, Madame ; j'aime
Paris, c'eft le falut du galant homme, mais
il fait cher vivre à l'Auberge.

Madame DAMIS.

Feu Monfieur Damis ne m'a laiffé qu'un
bien affez en défordre, j'ai befoin de beaucoup d'économie, & le féjour de Paris me
ruineroit, mais je ne le regrette pas beaucoup ; car je ne le connois guere. Ah vous
voilà ; Claudine, votre mari eft-il revenu?
A-t-il fait nos commiffions ?

CLAUDINE.

Avec voute parmiffion, à qui parlez-
vous donc, Madame?

Madame DAMIS.

A qui je parle? à vous, ma mie.

CLAUDINE.

Oh bian il n'y a icy ni maître ni maitreffe.

Madame DAMIS.

Comment me répondez-vous ? Que
dites-vous de ce difcours, Chevalier ?

LE CHEVALIER *riant.*

Qu'il eft ruftique ! & qu'il fent le terroir !
Eh eh eh...

CLAUDINE *la contrefaifant.*

Eh eh eh, comme il ricanne.

LE CHEVALIER.

Coufine, penfez-vous qu'elle me raille.

B

Madame DAMIS.
Vous n'en pouvez pas douter.
LE CHEVALIER.
Eh donc je conclus qu'elle est folle.
CLAUDINE.
Tenez, je vous pardonne à tous deux; car vous ne sçavez pas ce que vous dites, vous ne sçavez pas le tu autem. Boutez-vous à votre devoir, honorez ma parsonne, traitez-moy de Madame, demandez-moy comment se porte ma santé, mettez au bout queuque coup de chapiau, & pis vous varrais. Allons, commencez.
LE CHEVALIER.
Ce genre de folie est divertissant. Voulez-vous que je la complimente?
Madame DAMIS.
Vous n'y songez pas, Chevalier, c'est une impertinente, qui perd le respect, & vous devriez la faire taire.

LE CHEVALIER.
Moy la faire taire? arrêter la langue d'une femme? un bataillon encore passe.

CLAUDINE.
Ah ah ah, par ma fiqué ça est trop drole.
Madame DAMIS.
Son mari me fera raison de son insolence.

CLAUDINE.

Bon, mon mari, Eſt-ce que je nous ſou-
cions l'un de l'autre, j'avons le bel air de
nous ne nous voir quaſiment pas. Vous qui
n'avez jamais quitté votre chatiau, cela
vous paſſe, auſſi bian que la vartu folichonne.

LE CHEVALIER.

Cette vertu folichonne m'enchante, ſon
extravagance petille d'invention, va ma
poule, va, ſans dis, je t'aime mieux folle
que raiſonnable.

CLAUDINE.

Oh ceti-là vaut trop, ils ſont envars moi
ce que j'ons fait envers mon homme; il
me croyons le çarviau parclus : ne leur di-
ſons rian ; vela Blaiſe qui viant.

SCENE IV.

BLAISE, COLETTE! COLIN,
ARLEQUIN, & les Acteurs précedens.

Madame DAMIS.

Voilà ſon mari. Maître Blaiſe, expli-
quez - nous un peu le procedé de

B. ij.

votre femme. A-t-elle perdu l'esprit? Elle ne me répond que des impertinence.

BLAISE *après les avoir tous regardé.*

Parsonne ne saluë. (*à Claudine*) Leur as-tu dit l'heritage du biau-frere.

CLAUDINE.

Non, mais j'ai bian tenu mon rang.

Madame DAMIS.

Mais, Blaise, faites donc réflexion que je vous parle.

BLAISE.

Prenez un brin de patience, Madame, comportez-vous doucement.

LE CHEVALIER *d'un air serieux.*

J'examine Blaise, sa femme est folle, je le croy à l'unisson.

BLAISE *à Arlequin.*

Noute laquais, dites à ces enfans qu'ils se carrint.

ARLEQUIN.

Carrez-vous, enfans.

COLIN *riant.*

Oh oh oh.

Madame DAMIS.

En vérité voilà l'aventure la plus singuliere que je connoisse.

BLAISE.

Ah ça, vous dites comme ça, Madame, que Madame vous a dit des impartinences. Pour réponse à ça, je vous dirai d'abord

que ça fe peut bian ; mais je ne m'en em-
baraffe point ; car je n'y prends, ni n'y
mets, je ne nous mêlons point du tracas de
Madame ; c'eft peut-être que le refpect
vous a manqué. Enfin finale, accommodez-
vous, Mefdames.

LE CHEVALIER.

Eh bien, coufine, le vertigo n'eft-il pas
double ; voyons les enfans, je les croi
uniformes. Qu'en dites vous, petite folle,

ARLEQUIN.

Parlez ferme.

COLETTE.

Allez-y voir, vous n'avez rien à me
commander.

LE CHEVALIER à *Colin*.

A vous la balle, mon fils, ne dérogez-
vous point.

ARLEQUIN.

Courage.

COLIN.

Laiffez-moy en repos, malapris.

LE CHEVALIER.

Partout le même timbre ! (*à Arlequin*)
Et toy, beliftre.

ARLEQUIN *contrefaifann le gafcon.*

Je chante de même, c'eft-moi qui fuis
le précepteur de la famille.

BLAISE.

Les vela bian ébaubis, je m'en vais ran-

ger tout ça. Madame Damis, acoutez-
moy, tout ceci vous ranvarſe la çarvelle,
c'eſt pis qu'une egnime pour vous & voute
couſin. Oh bian de cette egnime en vecy
la clef & la ſarrure. J'avions un frere, n'eſt-
ce pas?

LE CHEVALIER.

Nouvelle viſion. Eh bien ce frere?

BLAISE.

Il eſt parti.

LE CHEVALIER.

Dans quelle voiture?

BLAISE.

Dans la voiture de l'autre monde.

LE CHEVALIER.

Eh bien bon voyage; mais changez-
nous de vertigo, celui-cy eſt triſte.

BLAISE.

La fin en eſt plus drole. C'eſt que ne
vous en déplaiſe, j'en avons herité de cent
mille francs ſans compter les broutilles : &
voilà la preuve de mon dire, *ſigné*, Rapin.

COLIN *riant.*

Oh oh oh, je ſerons Chevalié itou moy.

COLETTE.

J'allons porter le taffetas.

CLAUDINE.

Et an nous portera la queuë.

ARLEQUIN.

Pour moy je ne veux que la clef de la cave.

LE CHEVALIER *après avoir lû à Madame Damis.*

Sandis! le galant homme dit vrai, cousine; je connois ce Rapin & sa signature, voilà cent mille francs, c'est comme s'il en tenoit le coffre, je les honore beaucoup, & cela change la theze.

Madame DAMIS.

Cent mille francs!

LE CHEVALIER.

Il ne s'en faut pas d'un sou. (*à Blaise*) Monsieur, je suis votre serviteur, je vous fais réparation, vous êtes sage, judicieux & respectable. Quant à Messieurs vos enfans, je les aime, le joli Cavalier, la charmante Damoiselle; que d'éducation! que de graces & de gentillesses.

CLAUDINE ET BLAISE.

Ah vous nous flattez par trop.

BLAISE.

Cela vous plaît à dire, & à nous de l'entendre. Allons, enfans, tirez le pied, faites voute reverence avec un petit compliment de rencontre.

COLETTE *faisant la reverence.*

Monsieur, vos graces l'emportont! ur

les noſtres, & j'avons encore plus de reconnoiſſance que de mérite.

LE CHEVALIER *ſaluē.*

ARLEQUIN.

Et vous, Colin.

COLIN *ſaluant.*

Monſieur, je ſis de l'opinion de ma ſœur, ce qu'alle a dit, je le dit.

ARLEQUIN.

Colin ; fait *bis.*

LE CHEVALIER.

On ne peut de repetitions plus ſpiri-tuelles ; vous m'enchantez, je n'en ai point aſſez dit ; cent mille francs, capdebious, vous vous mocquez, vous êtes trop modeſtes, & ſi vous me fâchez, je vous compare aux aſtres tous tant que vous êtes.

BLAISE.

Femme, entens-tu les aſtres?

LE CHEVALIER.

Quant à Madame, je la ſupplie ſeulement de me recevoir au nombre de ſes amis, tout dangereux qu'il eſt d'obtenir cette grace ; car je n'en fait point le fin : elle poſſede un embonpoint, une majeſté, un maſſif d'agrément, qu'il eſt difficile de voir innocemment. Mais baſte, il m'arrivera ce qu'il pourra, je ſuis accoûtumé au feu ; mais je lui demande à ſon tour une grace. Me l'accorderez-vous, belle per-ſonne.

sonne? (*Il lui prend la main qu'il fait
semblant de vouloir baiser.*)

CLAUDINE.

Allons, vous n'êtes qu'un badin.

LE CHEVALIER.

Ne me refusez pas, je vous prie.

CLAUDINE.

He bien baisez, ce n'est que des mains
au bout du compte.

LE CHEVALIER *la menant vers Madame Damis.*

Racommodez-vous avec la Coufine.
Allons, Madame Damis, avancez ; j'ai
mesuré le terrain, à vous le reste. (*tout-
bas ce qui fuit.*) Ne resistez point, j'ai
mon deffein ; lâchez-lui le titre de Madame.

CLAUDINE *présentant la main à Madame Damis.*

Boutez dedans, Madame, boutez, je
ne fis point fâchée.

Madame DAMIS.

Ni moi non plus, Madame Claudine, je
suis ravie de votre fortune, & je vous ac-
corde mon amitié.

CLAUDINE.

Je vous gratifions de la même, & je
vous désirons bonne chance.

LE CHEVALIER.

Mettez une accolade, brochant sur le
tout, je vous prie ; bon, voilà qui est bien,

C

alte là maintenant, je requiers la permission de dire un mot à l'oreille de la Cousine.

B L A I S E.

Je vous parmettons de le dire tout haut.

A R L E Q U I N.

Et moy itou ; Mais, M. le Chevalier,
où est mon compliment à moy qui suis le
docteur de la maison ?

LE CHEVALIER.

Le docteur a raison, je l'oubliois, eh bien
va je te trouve bouffon ; vante-toi de ma
bienveillance, je t'en honore, & ta fortune
est faite.

A R L E Q U I N.

Grand-merci de la gasconade.

LE CHEVALIER *tire à part Madame* *Damis pour lui dire ce qui suit.*

Cousine, sentez-vous mon projet : Cette
canaille a cent mille francs, vous êtes veuve, je suis garçon, voici un fils, voilà une
fille, vous n'êtes pas riche, mes finances
font modestes, les legitimes de la Garonne :
Vous les connoissez ; proposons d'épouser,
ce font des Villageois : mais qu'est-ce que
cela fait ? regardons le tout comme une
intrigue pastorale ? le mariage sera la fin
d'une Eglogue. Il est vrai que vous êtes
noble ; moy je le suis depuis le premier
homme ; mais les premiers hommes é-

toient pasteurs : prenez donc le pastoreau;
& moi la pastourelle. Ils ont cinquante
mille francs chacun, cousine, cela fait de
belles houlettes. En voulez - vous votre
part? He donc, Colin est jeune, & sa
jeunesse ne vous messiéra pas.

Madame DAMIS.

Chevalier, l'idée me paroît assez sen-
sée ; mais la démarche est humiliante.

LE CHEVALIER.

Cousine, sçavez-vous souvent dequoi
vit l'orgueil de la Noblesse ? de ces petites
hontes qui vous arrestent. La belle gloire!
C'est la raison cadedis ; ainsi j'acheve. (à
Blaise & à sa Femme) Monsieur & Madame Blaise, si ces aimables enfans vouloient
se promener un petit tour à l'écart, je vous
ouvrirois une pensée qui me paroît piquante.

BLAISE.

Hola, Précepteur, boutez de la marge
entre nous, convarsez à dix pas. (Les enfans se retirent après avoir salué la compagnie qui les salue aussi.)

SCENE V.

LE CHEVALIER , Madame DAMIS ,
BLAISE CLAUDINE.

LE CHEVALIER.

REvenons à nos moutons ; vous fça-
vez qui je fuis , vous me connoiffez
depuis long-tems.

BLAISE.

Oh qu'oüy , vous ne teniez pas trop
de compte de nous dans ce tems là.

LE CHEVALIER.

Oh des fotifes j'en ai fait dans ma vie
tant & plus ; oublions celle-là : Vous fça-
vez donc qui je fuis , le coufin Damis avoit
époufé la coufine , j'ai l'honneur d'être
Gentilhomme , eftimé , perfonne n'en dou-
te , je fuis dans les troupes , je ferai mon
chemin fandis , & rapidem nt , cela s'enfuit. Je n'ai qn'un aîné , le Baron de Lydas,
un Seingeur languiffant , un Cazanie in-
commodé du poumon , il faut qu'il meure ,
& point de lignée , j'aurai fon bien , cela
eft net. D'un autre côté voilà Madame

Damis, veuve de qualité, jeune & charmante, ses facultez vous les sçavez, bonne Seigneurie, grand Château, ancien comme le tems, un peu délabré, mais on le maſſonne. Or elle vient de jetter ſur M. Colin un regard que ſi le défunt en avoit vû la friponnerie, je lui en donnois pour dix ans de tremblement de cœur; ce regard, vous l'entendez camarade.

BLAISE.

Oh dame noute fils, c'eſt une petite face auſſi-bien rouſſée qu'il y en ait.

LE CHEVALIER.

Vous y êtes, & la couſine rougit.

Madame DAMIS.

En vérité, Chevalier, vous êtes un indiſcret.

BLAISE.

Oh il n'y a pas de mal à ça, Madame, ça eſt grandement naturel.

CLAUDINE.

Oh pour ça faut avoüer que Coün eſt biau, nen dit par tout qu'il me reſſemble.

Madame DAMIS.

Beaucoup.

LE CHEVALIER.

Je le garantis beau, je vous ſoûtiens plus belle.

BLAISE.

Oüy oüy, Madame eſt prou gentille;

mais je ne voyons rian de ça moy ; car ce
n'eſt que ma femme ; pourſuivez.

LE CHEVALIER.

Je vous diſois donc que Madame a regardé M. Colin, qu'elle le parcouroit en le
regardant, & ſembloit dire : Que n'êtes-
vous à moy, le petit homme ! Que vous ſe-
riez bien mon fait, là-deſſus je me ſuis mis
à regarder Mademoiſelle Colette, la Demoiſelle en même tems a tourné les yeux
deſſus moy ; tourner les yeux deſſus quelqu'un, rien n'eſt plus ſimple, ce ſemble ;
cependant du tournement d'yeux dont je
parle, de la beauté dont ils étoient, de ſes
charmes & de ſa douceur, de l'émotion que
j'ai ſenti ; ne m'en demandez point de nouvelles, voyez vous, l'expreſſion me manque, je n'y comprends rien : Eſt-ce votre
fille, eſt-ce l'amour qui m'a regardé, je
n'en ſçai rien, ce ſera ce que l'on voudra,
je parle d'un prodige, je l'ai vû, j'en ai fait
l'épreuve, & n'en rechaperai point. Voilà
toute la connoiſſance que j'en ai.

BLAISE.

Par la jarnigué ça eſt marveilleux ; mais
voyez donc cette petite maſque ?

CLAUDINE.

Ah, M. Blaiſe, allo a deux pruniaux
bian malins.

BLAISE.

Que faire à ça, se sont les miars tous brandis.

Madame DAMIS.

De beaux yeux sont un grand avantage.

LE CHEVALIER.

Oüy, pour qui les porte, j'en conviens; mais qui les voit en paye la façon, & je me serois bien passé que M. Blaise eût donné copie des siens à sa fille.

BLAISE.

Pardi tenez, j'avons quasi regret d'avoir comme ça baillé note mine à nos enfans, pisque ça vous tracasse.

LE CHEVALIER.

Homme d'honneur, ce que vous dites est touchant : mais il est un moyen.

CLAUDINE.

Lequeul?

LE CHEVALIER.

Le titre de votre gendre me sortiroit d'embaras par éxemple, & moyennant le nom de Bru la cousine guériroit. Je vous ai dit le mal, je vous montre le remede.

BLAISE.

Madame, êtes-vous d'avis que nous les guarissions ?

LE CHEVALIER.

Bellemere, ne bronchez pas, Je me retiens pour votre fille ; ne rebutez pas les

C iiij

descendans que je vous offre , prenez place
dans l'Histoire.

CLAUDINE *à part.*

Queu plaisir ! Oh bian je nous accor-
dons à tout , pourveu que Madame n'aille
pas dire que ce mariage n'est pas de niviau
avec elle.

BLAISE.

Oh morguenne tout va de plain pied ici,
il n'y a ni à monter ni à descendre , voyez-
vous.

LE CHEVALIR.

Cousine , répondez , faites voir la mo-
destie de vos sentimens.

Madame DAMIS.

Puisque vous avez découvert ce que je
pensois , je n'en ferai plus de mistere , je
souscrit à tout ce que vous ferez , on sera
content de mes manieres , je suis née sim-
ple & sans fierté , & votre fils m'a plú ,
voilà la vérité.

LE CHEVALIER.

Repartez , beau-pere,

BLAISE.

Touchez-là , mon gendre , allons ma ' ru,
ça vaut fait , j'acheterons de la Noblesse ,
alle sera toute neuve , alle en durera pu:
long tems , & soutianra la vostre qui e't
un peu usée. Pour ce qui est d'en cas d'i
present , allez prendre un doigt de colla-

tion, Madame Claudine, menez-les boire cheus nous, & dites à noute laquais qu'il arrive pour me parler. Je l'attends ici, faites itou avartir les violoneus, car je veux de la joye.

Le Chevalier donne la main aux Dames après avoir salué Blaise.

SCENE VI.

BLAISE *se promene en se carrant.*

PArlons un peu seul ; car à cette heure que je sis du biau monde, faut avoir de grandes reflexions à cause de mes grandes affaires. Allons, révons donc tout en nous promenant. (*Il rêve.*) Un pere de famille a bian du souci ; & c'est une mauvaise graine que des enfans : Drès que ça est grand, ça veut rarer de la nôce, stapendant on a un rang qui brille, des équipages qui clochont toujours, des laquais qui grugeont tout, & sans ce tintamarre-là, on ne sçauroit vivre. Les petites gens sont bianheureux. Mais il y a une bonne cotume ; An emprunte aux Marchands, & an ne les paye point, ça soutient un menage. Stapendant il m'est avis que je faisons un meſtier de fous , nous autres honnêtes gens . . . . . Mais velà noute Fiſcal qui viant, je li devons de l'argent ; mais il ny a rian à faire , je ſçavons mon devoir.

SCENE VII.

LE FISCAL, BLAISE.

LE FISCAL.

BOnjour, Maiſtre Blaiſe.

BLAISE.

Serviteur, noute Fiſcal , Mais appellez-moy Monſieur Blaiſe ; ça m'appartiant.

LE FISCAL *riant*.

Ah ah ah ! j'entends ; votre fortune a hauſſé vos qualitez. Soit , M. Blaiſe , je me réjoüis de votre avanture , vos enfans viennent de me l'apprendre , je vous en fais compliment , & vous prie en même tems de me donner les cinquante francs que vous me devez depuis un mois.

BLAISE.

Ça eſt vrai , je reconnois la dette, mais je ne ſçaurois la payer , ça me ſeroit reproché.

LE FISCAL.

Comment vous ne sçauriez me payer ?
Pourquoi ?

BLAISE.

Parce que ça n'est pas daigne d'une parsonne de ma competence ; ça me tourneroit à confusion.

LE FISCAL.

Qu'appellez-vous confusion ? Ne vous ai-je pas donné mon argent ?

BLAISE.

Eh bian oüy, je ne vay pas à l'encontre ; vous me l'avez baillé, je l'ons reçû, je vous le dois, je vous ai baillé mon écrit, vous n'avez qu'à le garder : venez de jour à autre me demander votre deub, je ne l'empêche point, je vous remettrons, & pis vous revianrez, & pis je vous remettrons, & par ainsi de remise en remise le temis se passera honnêtement. Velà comme ça se fait.

LE FISCAL.

Mais est-ce que vous vous mocquez de moy ?

BLAISE.

Mais morgué, boutez-vous à ma place. Voulez-vous que je me parde de réputation pour cinquante chetifs francs ? ça vaut-il la peine de passer pour un je ne scay qui en payant ? Pargué ancore faut-il acou-

ter la raison. Si ça se pouvoit sans to ner
au préjudice de mon état, je le terions de
bon cœur, j'ons de l'argent, tcuez, en
v-li. Il m'est bian parmis d'en bailler en
emprunt, ça se pratique ; mais en paye-
ment, ça ne se peut pas.

LE FISCAL *à part.*

Oh oh, voici mon affaire. Il vous est
permis d'en prêter, dites-vous ?

BLAISE.

Oh tout-à-fait parmis.

LE FISCAL.

Effectivement le privilege est noble, &
d'ailleurs il vous convient mieux qu'à un
autre ; car j'ai toujours remarqué que vous
êtes naturellement génereux.

BLAISE *riant & se rengorgeant.*

Eh eh, oüy, pas mal, vous tornés bian
ça. Faut nous cajoller nous autres gros
Monsieurs ; j'avons en effet de grand mérites, & des mérites bian commodes ; car
ça ne nous coûte rian ; an nous les baille,
& pis je les avons sans les montrer ; vela
toute la carimonie.

LE FISCAL.

Je prévois que vous aurés beaucoup de
ces vertus-là, M. Blaise.

BLAISE *lui donnant un petit coup
sur l'épaule.*

Ça est vrai, M. le Fiscal, ça est vrai.

Mais morgué vous me plaifes.

LE FISCAL.

Biende l'honneur à moy,

BLAISE.

Je ne dis pas que non.

LE FISCAL.

Je ne vous parlerai plus de ce que vous me devez.

BLAISE.

Si fais da, je voulons que vous nous en parliez ; faut-il pas que je vous amufions.

LE FISCAL.

Comme vous voudrez, je fatisferai là-deffus à la dignité de votre nouvelle condition, & vous me payerez quand il vous plaira.

BLAISE.

Chiquet à chiquet, dans quelques dizaine d'années.

LE FISCAL.

Bon bon, dans cent ans ; laiffons cela : Mais vous avez l'ame belle, & j'ai une grace à vous demander, laquelle eft de vouloir bien me prêter cinquante francs.

BLAISE.

Tenez, Fifcal, je fis ravis de vous farvir, prenez.

LE FISCAL.

Je fuis honnête homme, voici votre billet que je déchire, me voilà payé.

BLAISE.

Vous vela payé , Fifcal , jarnigué ça eſt bian malhonnête à vous; morgué ce n'eſt pas comme ça qu'on triche l'honneur des gens de ma ſorte ; c'eſt un affront.

LE FISCAL *riant.*

Ah ah ah , l'original homme ! avec ſes mérites qui ne lui coûteront rien.

SCENE VIII.

BLAISE, ARLEQUIN ET SES ENFANS.

BLAISE.

P Ar la ſanguienne il m'a vilainement attrapé-là ; mais je li revaudrai.

ARLEQUIN.

M. que vous plaît-il de moi.

BLAISE.

Ii me plaît que vous bailliez une petite leçon de bonne maniere à nos enfans , dreſſez-les un petit brin ſelon leur qualité, à celle fin qu'ils puiſſent tantôt batifoler à la grandeur , ſuivant les balivarnes du bian monde ; vous ferez bian ça ?

ARLEQUIN.

Eh qu'oüy, j'ai fiflé plus de vingt li-
nottes en ma vie, & vos enfans auront
bien autant de mémoire.

COLIN.

Papa, je n'irons donc pas trouver la
compagnie?

ARLEQUIN.

Dites Monfieur, & non papa.

COLIN.

Monfieur, eft-ce que ce n'eft pas mon
pere.

BLAISE.

N'iamporte, petir garçon, faites ce
qu'on vous dit.

COLETTE.

Et moi, papa, dis-je, Monfieur, irons-
je.....

BLAISE.

Ecoutez tous deux ce qu'il vous dira
auparavant, & pis venez, quand vous fçau-
rez la politeffe; car je vous marie tous
deux, voyez-vous.

COLIN.

Oh oh, vela qui eft bon, j'aime le ma-
·riage moy, & je ferai l'homme de qui?

BLAISE,

De Madame Damis.

COLIN *en fe frottant les mains*
Tatigué que j'allons rire.

ARLEQUIN.

Ce transport est bon , je l'aprouve ;
mais le geste n'en vaut rien , je le casse.

COLETTE *à Arlequin.*

Et moy , mon bon M. qui est-ce qui me
prend?

BLAISE.

M. le Chevalier.

COLETTE

Eh bian tant mieux, je serai Chevaliere.

BLAISE.

Je vais toujours devant commencer la
leçon , & faites vîtes.

ARLEQUIN.

Allons , étudions.

SCENE IX.

ARLEQUIN. COLETTE

ARLEQUIN.

Laissez-moi me recueillir un moment.
(*à part*) Qu'est-ce que je leur dirai,
je n'en sçai rien ; car du beau monde je
n'en ai vû que dans les ruës en passant ;
voilà tout le monde que je sçai. N'impor-
te ,

te, je me souviens d'avoir vû faire l'amour,
j'entendis quelques paroles , en voilà assez.
(*tout bas*) Ah ça approchez; comme
ainsi soit qu'il n'est rien de si beau que les
similitudes, commençons doctement par-là.
Prenez, Monsieur Colin, que vous êtes
l'amant de Mademoiselle Colette , parlez-
lui d'amour & elle vous répondra; voyons.

COLIN *saute de joye.*

Parlez donc, Mademoiselle, vous vela
donc?

COLETTE.

Oüy, Monsieur , me voilà. De quoi s'a-
git-il.

COLIN.

Il s'agit, Mademoiselle, qu'il y a bian
des nouvelles.

COLETTE.

Et queulles, Monsieur.

COLIN.

C'est que la biauté de votre parsonne ,
car il ne faut pas tant de priambule , & c'est
ce qui fait d'abord que je vous veux pour
femme. Qu'est-ce qu'ou dites à ça ?

COLETTE.

Je dis qu'il en arrivera ce qu'il pourra ;
mais que voute discours me hausse la couleur, parce que je n'avons pas la coumme
d'entendre prononcer les choses que vous
mettez en avant.

D

ARLEQUIN.

Ah! cela va couci couci.

COLIN.

Ça est vrai, Mademoiselle, mais vous serez pûs accoûtutumée à la seconde fois qu'à la premiere, & de fois en fois vous vous y accoûtumerez, tout-à-fait. (*à Arlequin*) Fais-je bien ?

ARLEQUIN.

J'apperçois quelque chose de rustique dans les dernieres lignes de votre compliment.

COLETTE.

Mais oüy, il m'est avis qu'il a d'abord galopé de l'amour au mariage.

COLIN.

C'est que je suis hatif, mais j'irai le pas. Je ne dirai pas que vous serez ma femme, mais ça n'empêchera pas que je ne sois votre homme.

COLETTE.

Eh bian le vla ancor embarboüillé. dans les épousailles.

COLIN.

Morgué c'est que cette nôce est friande, & mon esprit va toujours trottant enver elle.

ARLEQUIN.

Vous a vez le goût d'une épaisseur...;

COLIN.

Bon bon , laiſſons tout cela, tenez ; je m'en vas je n'aime pas à être à l'école ; je parlerai à l'avanture , laiſſez venir Madame Damis , pis qu'alle eſt veuve , alle me fera mieux ma leçon que vous ; adieu, Mijaurée , je vous ſaluë , noute Magiſter.

SCENE X.

ARLEQUIN ET COLLETTE.

ARLEQUIN *à part.*

VEla une éducation qui m'a coûté bien de la peine ; achevons la vôtre , Mademoiſelle. Premierement je croi qu'il a raiſon quand il vous appelle une mijaurée.

COLETTE.

Eh pardi il n'y a qu'à dire ; je ſerai pûs hardie ; car je me retians à cette heure-ci , tenez ce n'étoit que mon frere qui m'en contoit , dame ça n'afriole pas. Mais M. le Chevalier , c'eſt une autre hiſtoire ; ſa mine

D ij

me plait, vous varrez, vous varrez comme
ça demeine le cœur. Voulez-vous que je
luy dife, que je l'aime, ça me fera biaucoup
de plaifir.

ARLEQUIN.

Prrrr.... comme elle y va, tout le fang
de la famille court la pofte, patience, mon
écoliere, je vous difois donc quelque chofe, où en étions-nous?

COLETTE.

A l'endroit où j'étois, une mijaurée.

ARLEQUIN.

Tout jufte, & je concluois........ mais
je ne conclus plus rien, j'ajouterai feulement ce qui s'enfuit. Quand les revereaces
feront faites, vous aurez une certaine mo-
deftie qui fera relevée d'une certaine co-
queterie ....

COLETTE.

Je bourrai une pincée de chaque forte,
n'eft-ce pas?

ARLEQUIN.

Fort bien. Vous ferez ..... timide.

COLETTE.

Helas! Pourquoi?

ARLEQUIN.

Timide & galante.

COLETTE.

Ah j'entends! je bourrai de ça qui ne
dit rian & qui n'en penfe pas moins.

ARLEQUIN à part.

L'aimable enfant, elle entend ce que je lui dis, & moi je n'y comprend rien. (*tout haut*) Le Chevalier continuera ; d'abord il ne fera que poli, petit à petit il deviendra tendre.

COLETTE.

Et moi qui le varrai venir, je m'avancerai à l'avenant.

ARLEQUIN.

Elle veut toujours avancer.

COLETTE.

Je lui baillerai bonne efperance, & je pardrai mon cœur à proportion que j'aurai le fian.

ARLEQUIN.

Ma foy vous y êtes.

COLETTE.

Oh laiffez-moi faire, je fçaurai bien petit à petit manquer de courage, & pis en manquer encore davantage, & pis enfin n'en avoir pus.

ARLEQUIN.

Il n'y a plus d'enfans! Mademoiselle, vous dira-t-il en vous abordant, vous voyez le plus humble des vôtres.

COLETTE.

Et moy je vous remarcie de votre humilité, ce li ferai-je.

ARLEQUIN.

Que vous êtes aimable! qu'on a de

plaiſir à vous contempler, ajoûtera-t-il en panchant la tête. Qu'il ſeroit heureux de vous plaire, & qu'un cœur qui vous adore goûteroit d'admirables felicitez ! ah, ma chere Demoiſelle, quel tas de charmes ! que d'appas ! que d'agrémens ! votre perſonne en fourmille, ils ne ſçavent où ſe mettre ; ſouriez mignardement là- deſſus. (*Colette ſourit*) Ah ; ma Déeſſe ! puis-je eſperer que vous aurez pour agreable la tendreſſe de votre amant ? Regardez-moi honteuſement du coin de l'œil à préſent.

COLETTE *l'imitant.*

Comme ça ?

ARLEQUIN.

Bon, ah qu'eſt-ce que c'eſt cela? vous me lorgnés d'une maniere qui me tranſporte. Eſt-ce que vous m'aimeriez? répondez. Je ne veux qu'un pauvre petit mot. Soupirez à préſent.

COLETTE.

Bian fort ?

ARLEQUIN.

Non, d'un ſoupir étouffé.

COLETTE.

Ah !

ARLEQUIN.

Oh après ce ſoupir-là il deviendra fou ; il ne dira plus que des extravagances, quand vous verrez cela, vous vous rendrez, vous lui direz je vous aime.

COLETTE.

Tenez tenez, le vela qui viant, je parie
qu'il va me faire repasser ma leçon. Dame
je sçai où il faut me rendre à cette heute.

ARLEQUIN.

Adieu donc, je vous mets la bride sur le
cou. (*à part*) Ouf, je croi que mon cœur
a crû que je parlois serieusement.

SCENE XI.

LE CHEVALIER, COLETTE, ARLEQUIN.

LE CHEVALIER. *à Arlequin*

Mon ami, tu fais ici la pluye & le
beau temps, fais durer le dernier,
je t'en prie, je suis né reconnoissant.

ARLEQUIN.

Mettez-vous en chemin, je vous pro-
mets le plus beau temps du monde. (*il se
retire.*)

SCENE XII.

LE CHEVALIER, COLETTE

LE CHEVALIER.

J'Ai quitté la compagnie, je n'ai pû ; Mademoiselle, résister à l'envie de vous voir, j'ai perdu mon cœur, une charmante personne me l'a pris, cela m'inquiéte, & je viens lui demander ce qu'elle en veut faire. N'êtes-vous pas la receleuse, donnez-m'en des nouvelles, je vous prie.

COLETTE *à part.*

Oh pis qu'il a pardu son cœur, nous ne bataillerons pas long-tems. (*haut*) Monsieur, pour ce qui est de votre cœur je ne l'avons pas vû, si vous me disiez la parsonne qui l'a prins, on varroit ça.

LE CHEVALIER.

Vous ne la connoissez donc pas ?

COLETTE *faisant la reverence.*

Non, Monsieur, je n'avons pas cet honneur-là.

LE CHEVALIER.

Vous ne la connoissez pas ? Eh cadedis, je vous prend sur le fait, vous portez les

yeux

yeux de celle qui m'a fait le vol.

COLETTE *à part.*

Je le vois venir le malicieux. (*haut*)
Monsieur, c'est pourtant mes yeux que je
porte, je n'empruntons ceux-là de parsonne.

LE CHEVALIER.

Parlez , ne vous voïez vous jamais
dans le cristal de vos Fontaines.

COLETTE.

Oh si fait , queuque fois en passant.

LE CHEVALIER.

Patience , eh qui voyez vous ?

COLETTE.

Eh mais , je m'y vois.

LE CHEVALIER.

Eh donc , voilà ma friponne.

COLETTE *à part.*

Helas ! il sera bien-tôt mon fripon itou.

LE CHEVALIER.

Que répondez-vous à ce que je dis.

COLETTE.

Dame ce qui est fait est fait. Vôtre
cœur est venu à moi, je ne l'y dirai pas
de s'en aller , & on ne rend pas cela de
la main à la main.

LE CHEVALIER.

Me le rendre ! quand vous avez tiré
dessus, quand vous l'avez incendié, qu'il
se portoit bien , & que vous l'avez fait

E

malade ? non ma toute belle, je ne veux
point d'un incurable.

COLETTE.

Queu pitié que tout ça ! comment ferai-je donc ?

LE CHEVALIER.

Ne vous effrayez point, fans crier au
meurtre, je trouve un expedient, vous
m'avez maltraité le cœur, faites les frais
de fa guérifon, j'attendrai, je fuis ac-
commodant, le vôtre me fervira de nan-
tiffement, je m'en contente.

COLETTE.

Oüi-da, vous êtes bian fin, fi vous
l'aviez une fois vous le garderiez peut
être.

LE CHEVALIER.

Je vous le garderois ; vous fentez donc
cela mignonne ? une légion de cœurs fi je
vous les donnois, ne payeroient pas cette
expreffion affectueufe ; mais achevez, vous
êtes naïve, développez-vous fans façon,
dites le vrai vous m'aimez ?

COLETTE.

Oh ça fe peut bian : mais il n'eft pas
encore tems de le dire.

LE CHEVALIER.

Je me mettrois à genoux devant ces
paroles, je les favoure, elles fondent
comme le miel ; mais donc quand fera-t'il

rems de tout dire.

COLETTE.

Allez, allez toûjours, je vous garde ça pour quand je vous verrai dans le tranf-port.

LE CHEVALIER.

Faites donc vîte car il me prend.

COLETTE.

Oh je ne le veux pas lors, retournons où étions. Vous me demandez mon cœur ; mais il eft tout neuf & le vôtre a peut-être farvi.

LE CHEVALIER.

Le mien pouponne, fçavez-vous ce qu'on en dit dans le monde, le nom qu'on lui donne, on l'appelle l'indomptable.

COLETTE.

Il a donc pardu fon nom maintenant.

LE CHEVALIER.

Il ne lui en refte pas une fyllabe, vos beaux yeux l'ont dépoüillé de tout, je le renonce, & je plaide à prefent pour en avoir un autre.

COLETTE.

Et moi qui ne fais pas plaider, vous varrez que je pardray cette caufe là.

LE CHEVALIER *la regarde.*

Gageons ma poule que l'affaire eft faite.

COLETTE *à part.*

Je crois que voici l'endroit de le regarder tendrement. (*Elle le regarde.*)

LE CHEVALIER.

Je vous entends mon ame , ce regard là décide , je triomphe , je suis vainqueur ; mais faites doucement la victoire m'étourdit , je m'égare , la tête me tourne , ménagez-moi je vous prie.

COLETTE *à part.*

Vela qui est fait , il est fou , ça doit me gagner , faut que je parle.

LE CHEVALIER.

Le Papa vous donne à moi , signez paraphez la donnation , dites que je vous plais.

COLETTE.

Oh pour ça oüy vous me plaisez , ni a que faire de pataraffe à ça.

LE CHEVALIER.

Vous me ravissez sans me surprendre ; mais voici Madame Damis & le Beau-frere , nos affaires sont faites , ils viennent convenir des leurs. (*retirons nous.*)

Collette sort.

SCENE XIII.

Madame DAMIS, COLIN, LE CHEVALIER.

LE CHEVALIER.

JUſqu'au revoir. M. Colin, vous aime-
r'on ?

COLIN.

Je ſommes ici pour voir ça.

LE CHEVALIER.

Achevez donc.

SCENE XIV.

Madame DAMIS, COLIN.

COLIN *à part.*

TAchons de bian dire. (*haut*) Madame, il eſt vrai que l'honneur de voir
voute biauté eſt une choſe ſi admirable,

E iÿ

que par raport à noute mariage , dont ce
que j'en dis n'eſt pas que j'en parle , car
mon amitié dont je ne dis mot ; mais. . . .
morgué tenëz je m'embarboüille dans mon
compliment , parlons à la franquette , il n'y
a que les mots qui faiſons les paroles ,
j'allons être mariez enſemble , ça me ré-
joüit , ça vous rend-il gaillarde ?

Madame D A M I S riant.

Il parle un aſſez mauvais langage , mais
il eſt amuſant.

C O L I N.

Il eſt vrai que je ne ſavons pas l'oſtogra-
phe ; mais morgué je ſommes tout à-fait
drole , quand je ris c'eſt de bon cœur ,
quand je chante c'eſt pis qu'un marle , &
de chanſons j'en ſavons plein un boiſſiau ;
c'eſt toûjours moi qui méne le branle , &
pis je ſaute comme un cabry & boute &
t'en auras , toûjours le pied en l'air , n'y a
que moi qui tiant , hors Maturaine da ,
qui eſt auſſi une ſauteuſe, haute comme
une parche. La connoiſſez-vous , c'eſt une
bonne criature & moi auſſi , tenez je prend
le tems comme il viant & l'argent pour ce
qu'il vaut ? Parlons de vous. Je ſis riche
ous êtes belle , je vous aime biarr , tout ça
rime enſemble , comment me trouvez vous?

Madame D A M I S.

Il ne vous manque qu'un peu d'éducation , Colin.

COLIN.

Morgué l'appetit ne me manque pas toûjours , c'est le principal , & pis cette éducation à quoi ça sart-il ! est-ce qu'on en aime mieux , je gage que non. Marions nous vous en varrez la preuve , vela parler ça.

Madame DAMIS.

Je crois que vous m'aimerez ; mais écoutez Colin , il faudra vous conformer un peu à ce que je vous dirai , j'ai de l'éducation moi , & je vous mettrai au fait de bien des choses.

COLIN.

Bian entendu ; mais avec la parmission de vôtre éducation, dites moi, suis-je pas aimable !

Madame DAMIS.

Assez.

COLIN.

Assez, c'est comme qui diroit beaucoup, mais c'est que la confusion vous rend le cœur chiche, baillez moi vôtre main que je la baise, ça vous mettra pu en train. (*Il lus baise la main.*)

Madame DAMIS.

Doucement Colin, vous passez les bornes de la bienseance.

COLIN.

Dame je vas mon train moi fans prendre garde aux bornes ; mais morgué dites
moi de la douceur.

Madame DAMIS.

Ça ne fe doit pas.

COLIN.

Eh bian ça fe prête & je fis bon pour
vous rendre.

Madame DAMIS.

En verité l'amour eft un grand maître,
il a déja rendu fes fimplicitez agréables.

COLIN.

Bon vela une belle bagatelle voirement
vous en varrez bian d'autres.

SCENE XV.

CLAUDINE, BLAISE, ARLEQUIN LE CHEVALIER, COLETTE, COLIN.

(on entend les Violons.)

LE CHEVALIER *après avoir donné la
main à Claudine.*

EH bien mes amis, êtes vous tous d'ac-
cord?

COLIN.

Alle me trouve gaillard, & alle dit qu'alle est bian contante; mais vela des Violonneux.

BLAISE.

Oüi c'est une petite pollitesse que je faisons à ma Bru, comme un reste de collation.

LE CHEVALIER.

Et le Contrat! Sandis c'est le repos de l'amour honnéte, où se tient le Notaire!

BLAISE.

Il va venir divartissons nous en l'attendant (*allons Violons courage.*)

(*La Fête se fait, & dans le milieu de la Fête on apporte une Lettre à Blaise qui dit.*) Eh vela le Clerc de noute Procureux; Qu'est-ce M. Griffet? qu'y a t'il de nouviau?

GRIFFET.

Lisez Monsieur.

BLAISE.

Tenez mon gendre dites moi l'écriture.

LE CHEVALIER.

J'ai crû devoir vous avertir que M. Rapin fit hier banqueroute, & que l'état dans lequel il laisse ses affaires fait juger qu'il passe en Pays Etranger, il doit à plusieurs personnes & ne laisse pas un sol, j'ai pris toutes les mesures convenables en

pareil cas, j'y fuis intereſſé moi-même;
mais je ne vois nulle eſperance, mandez
moi cependant ce que vous voulez que je
faſſe, j'atends votre réponſe, & ſuis.

LE CHEVALIER *pliant la Lettre dit
a Blaiſe.*

Blaiſe mon amy, il ne me reſte plus
qu'à vous répeter ce que le Procureur a
mis au bas de ſa miſſive (*en lui rendant
la Lettre.*) Et ſuis, car les articles de
nôtre Contrat ſont paſſez en Pays Etran-
gers, actuellement ils courent la poſte.
Adieu Colette je vous quitte avec dou-
leur!

COLETTE.

Vela donc cet homme qui me vouloit
bailler tout un régiment de cœurs.

LE CHEVALIER.

Le régiment, le Banqueroutier le réfor-
me, il emporte ſa Caiſſe.

ARLEQUIN.

Ma foi ce n'eſt pas grand dommage,
mauvaiſe milice que tout cela, qui ne vaut
pas le pain d'amunition.

LE CHEVALIER.

Je t'entends Faquin.

Madame DAMIS.

Allons Mr le Chevalier, donnez-moi la
main, retirons nous, car il ſe fait tard.

ARLEQUIN.

Bon ſoir la Couſine , adieu le Couſin ,
mes complimens à vos ayeux , à cauſe du
bon ſens qu'ils vous ont laiſſe.

COLIN.

Pardy c'eſt une accordée de parduë , tu
me quitte , je te quitte , & vive la joye.
Danſons papa.

ARLEQUIN.

Sieur Blaiſe vous m'avez pris ſur le pied
de cent écus par an , il y a un jour que je
ſuis ici , calculons payez & je parts.

BLAISE.

Femme à quoi penſe-tu ?

CLAUDINE.

Je penſe que vela bian des Equipages
de chuts , & des caſaques de reſte.

BLAISE.

Et moi je penſe qu'il y a encore du Vin
dans le pot & que j'alons le boire , allons
enfans , marchez , (à *Arlequin.*) venez
boire itou vous , bon voyage après , &
pis adieu le biau monde.

Fin de la Comedie.

APPROBATION.

J'Ai lû par l'ordre de Monseigneur le Garde des Sceaux *l'Heritier de Village*, Comedie d'un Acte, qui peut être imprimée. A Paris le 3. Mars 1727.

BLANCHARD.

PRIVILEGE DU ROY.

LOUIS, par la grace de Dieu, Roi de France & de Navarre : à nos amez & feaux Conseillers, les Gens tenant nos Cours de Parlement, Maîtres des Requêtes ordinaires de notre Hôtel, Grand Conseil, Prévôt de Paris, Baillifs, Seneschaux, leurs Lieutenans Civils, & autres nos Justiciers qu'il appartiendra, Salut. Notre bien amé NOEL PISSOT Libraire à Paris, Nous ayant fait supplier de lui accorder nos Lettres de Permission pour l'impression d'un Ouvrage qui a pour titre, *le Prince travesti*, *l'Heritier du Village*, *Annibal*, *le Dénouement imprevû* : Offrant pour cet effet de le faire imprimer en bon papier & beaux caracteres, suivant la feüille imprimée & attachée pour modele sous le contrescel des présentes ; Nous lui avons permis & permettons par ces présentes de faire imprimer ledit Livre en un ou plusieurs volumes, conjointement ou séparément, & autant de fois que bon lui semblera sur papier & caracteres conformes à ladite feüille imprimée & attachée sous notredit contrescel ; & de le vendre, faire vendre &

debiter par tout notre Royaume pendant le tems de trois années confecutives à compter du jour de la datte defdites préfentes. Faifons défenfes à tous Libraires, Imprimeurs & autres perfonnes de quelque qualité & condition qu'elles foient, d'en introduire d'impreffion étrangere dans aucun lieu de notre obéiffance, à la charge que ces préfentes feront enregiftrées tout au long fur le Regiftre de la Communauté des Libraires & Imprimeurs de Paris, dans trois mois de la datte d'icelles; que l'Impreffion de ce Livre fera faite dans notre Royaume & non ailleurs, & que l'impetrant fe conformera en tout aux Reglemens de la Librairie, & notamment à celui du dixiéme Avril 1725. & qu'avant que de l'expofer en vente, le manufcrit ou imprimé qui aura fervi de copie à l'impreffion dud. Livre, fera remis dans le même état où l'Approbation y aura été donnée ès mainsde notre très-cher& feal Chevalier Garde des Sceaux de France le Sieur Fleuriau d'Armenonville Commandeur de nos Ordres; & qu'il en fera enfuite remis deux Exemplaires dans notre Bibliotheque publique, un dans celle de notre Château du Louvre, un dans celle de notredit très-cher & feal Chevalier Garde des Sceaux de France le Sieur Fleuriau d'Armenonville Commandeur de nos Ordres; le tout à peine de nullité des préfentes; du contenu defquels vous mandons & enjoignons de faire joüir l'Expofant, ou fes ayans caufes pleinement & paifiblement, fans fouffrir qu'il leur foit fait aucun trouble ou empêchement. Voulons qu'à la copie defdites préfentes qui fera imprimée tout au long au commencement ou à la fin dudit Livre foy foit ajoûtée comme à l'original. Commandons au premier notre Huiffier, ou Sergent de faire pour l'execution d'icelles tous Actes requis & necessaires, sans demander autre permission, & nonobstant clameur de Haro, Chartre Normande, & Lettres à ce contraires : CAR tel est notre plaisir. DONNE' à Paris ce huitiéme jour du mois de May l'an de grace mil sept cens vingt-sept, & de notre Regne le douziéme. Par le Roy en son Conseil. Signé, SAINSON.

Registré sur le Registre VI. de la Chambre Royale des Libraires & Imprimeurs de Paris, N°. 642. fol. 516. conformément aux anciens Réglemens confirmez par celui du 28. Fevrier 1723. A Paris le neuf May mil sept cens vingt-sept.

BRUNET, *Syndic.*

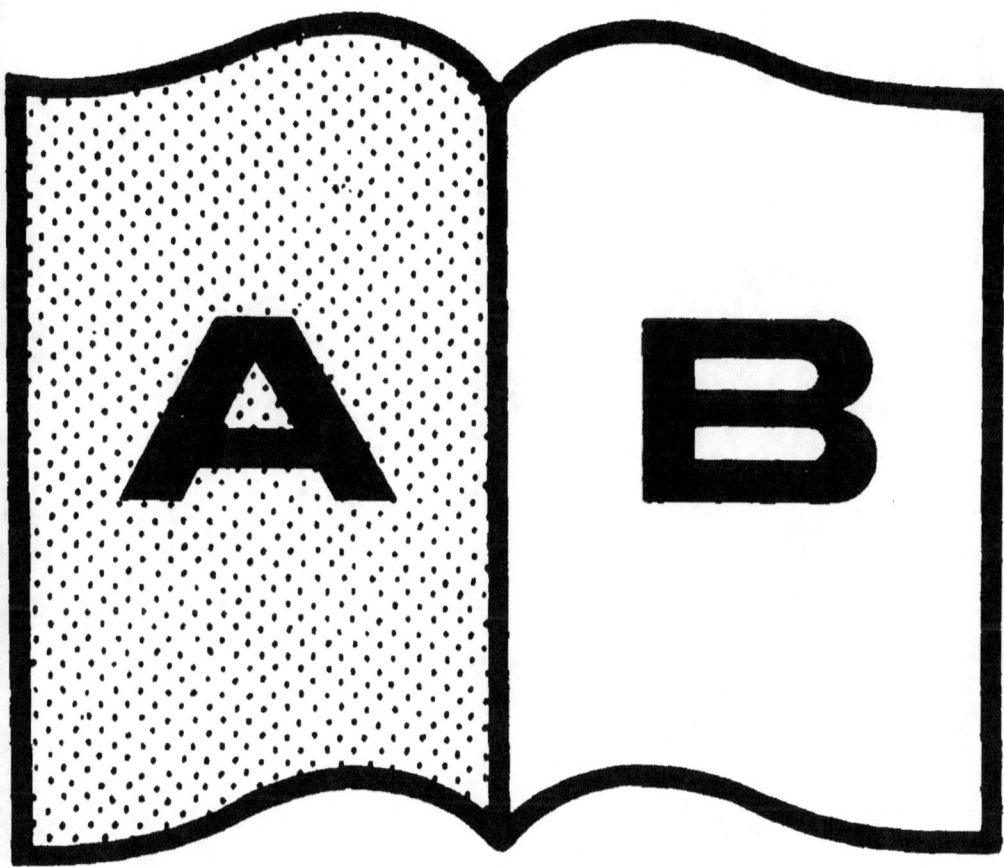

Contraste insuffisant

NF Z 43-120-14

JESSE

A TRUE STORY OF REDEMPTION

LaVern Vivio

TEKTON PUBLISHING

ISBN: 978-0-89098-750-6

©2013 by Tekton Publishing
P.O. Box 40526,
Nashville, TN 37204

Distributed by 21st Century Christian
2809 12th Ave. South
Nashville, TN 37204

Cover design by Jonathan Edelhuber

Printed in the United States of America

www.ingramcontent.com/pod-product-compliance
Lightning Source LLC
LaVergne TN
LVHW022127080426

835511LV00007B/1067